BEI GRIN MACHT SICH IHR WISSEN BEZAHLT

- Wir veröffentlichen Ihre Hausarbeit, Bachelor- und Masterarbeit

- Ihr eigenes eBook und Buch - weltweit in allen wichtigen Shops

- Verdienen Sie an jedem Verkauf

Jetzt bei www.GRIN.com hochladen und kostenlos publizieren

Jennifer Russell

Evaluation der Semester-Veranstaltung "Paper Club"

Rezeption und Darstellung wissenschaftlicher Ergebnisse

GRIN Verlag

Bibliografische Information der Deutschen Nationalbibliothek:

Die Deutsche Bibliothek verzeichnet diese Publikation in der Deutschen Nationalbibliografie; detaillierte bibliografische Daten sind im Internet über http://dnb.d-nb.de/ abrufbar.

Dieses Werk sowie alle darin enthaltenen einzelnen Beiträge und Abbildungen sind urheberrechtlich geschützt. Jede Verwertung, die nicht ausdrücklich vom Urheberrechtsschutz zugelassen ist, bedarf der vorherigen Zustimmung des Verlages. Das gilt insbesondere für Vervielfältigungen, Bearbeitungen, Übersetzungen, Mikroverfilmungen, Auswertungen durch Datenbanken und für die Einspeicherung und Verarbeitung in elektronische Systeme. Alle Rechte, auch die des auszugsweisen Nachdrucks, der fotomechanischen Wiedergabe (einschließlich Mikrokopie) sowie der Auswertung durch Datenbanken oder ähnliche Einrichtungen, vorbehalten.

Impressum:

Copyright © 2013 GRIN Verlag GmbH
Druck und Bindung: Books on Demand GmbH, Norderstedt Germany
ISBN: 978-3-656-47402-9

Dieses Buch bei GRIN:

http://www.grin.com/de/e-book/230912/evaluation-der-semester-veranstaltung-paper-club

GRIN - Your knowledge has value

Der GRIN Verlag publiziert seit 1998 wissenschaftliche Arbeiten von Studenten, Hochschullehrern und anderen Akademikern als eBook und gedrucktes Buch. Die Verlagswebsite www.grin.com ist die ideale Plattform zur Veröffentlichung von Hausarbeiten, Abschlussarbeiten, wissenschaftlichen Aufsätzen, Dissertationen und Fachbüchern.

Besuchen Sie uns im Internet:

http://www.grin.com/

http://www.facebook.com/grincom

http://www.twitter.com/grin_com

Evaluation der Semester-Veranstaltung "Paper Club" –
Rezeption und Darstellung wissenschaftlicher Ergebnisse
Jennifer Russell, Hochschule Fresenius

Jennifer Russell, M.A. Business Psychology, Hochschule Fresenius, Hamburg

Zusammenfassung

Die vorliegende Arbeit stellt eine Evaluation über die Semester-Veranstaltung „Rezeption und Darstellung wissenschaftlicher Ergebnisse" aus dem Masterstudium Business Psychology dar. In dieser Arbeit wird über die Vorerfahrung der Studentin im wissenschaftlichen Arbeiten berichtet. Im weiteren Verlauf geht es um die methodische Vorgehensweise bei der Themensuche /-findung und Bearbeitung einer wissenschaftlichen Studie aus der laufenden Semester-Veranstaltung, um einen Ergebnisbericht abzulegen, der den Lernfortschritt - trotz vorhandener Vorkenntnisse – untersuchen soll. Im Anschluss daran erfolgt eine Evaluation der Semester-Veranstaltung. Es wird eine Diskussion über den Ablauf der Semester-Veranstaltung eingeleitet, in der etwaige Verbesserungsvorschläge und Wünsche für zukünftige Veranstaltungen herangezogen werden. Dabei werden Vor- und Nachteile der Semester-Veranstaltung untersucht und diskutiert.

Schlüsselwörter: wissenschaftliche Texte, Methoden, Recherche-Kanäle, Quellen, Themensuche/ -findung, Präsentation, Szenariosituation, Ergebnisse, Diskussion

Abstract

This paper presents an Evaluation about the semester-course „Rezeption und Darstellung wissenschaftlicher Ergebnisse" from the master study Business Psychology. This paper reports about the previous experience of the student in the scientific work. Furthermore this is about the methodical approach with the subject search and subject findings as well as treatment of a scientific study from the current semester-course. Afterwards it follows a result report which should examine the learning progress. Following that there comes an Evaluation of the exchange rate. A discussion about the expiry of the semester-course is initiated, in which any suggestions for improvement and wishes are pulled up for future semester-courses. Besides, advantages and disadvantages of the semester-course are examined and discussed.

Key words: scientific texts, methods, search canals, subject search/-finding, presentation, scenario situation, results, discussion

Ausgangssituation / Introduction

Im Studiengang Business Administration an der Hochschule für Wirtschaft und Recht in Berlin, fand im ersten und letzten Semester eine jeweilige Semester-Veranstaltung zum Thema „wissenschaftliches Arbeiten" statt. Diese Veranstaltungen beinhalteten die Themengebiete, wie eine Hausarbeit / Abschlussarbeit angefertigt wird und Techniken des Anfertigens wissenschaftlicher Arbeiten – bezogen auf die Bachelor Thesis.

In beiden Veranstaltungen wurde die Herangehensweise bzw. das Wesen und der Nutzen wissenschaftlicher Themengebiete vermittelt (im letzten Semester intensiver aufgrund der Abschlussarbeit, als im ersten Semester). Es sollte ein zielgesicherter Überblick eines jeweiligen Fachgebietes verschafft werden, um mit Auffassungen, die andere Personen dargelegt haben, umzugehen und diese Auffassungen in Form wissenschaftlicher Praxis für Andere in einer verständlichen Form darzustellen - also keine grundlegenden neuen Theorien zu erarbeiten.

Die Veranstaltungen zeichneten sich durch Merkmale aus wie das Anwenden fachspezifischer Methoden, die Offenlegung der Ergebnisse als auch die Kontrollierbarkeit der Ergebnisse und das systematische Auswerten und Anwenden von Quellen und Fachliteratur.

Im ersten Semester wurde das zielgerichtete Recherchieren zu einem ausgesuchten wissenschaftlichen Thema unter Berücksichtigung unterschiedlich genannter Quellen, wie Datenbanken, Bibliotheken und das Internet gelehrt. Die recherchierten Themen, in Form von Texten, Büchern, Artikeln sollten wissenschaftlich für verschiedene schriftliche Ausarbeitungen – wie Hausarbeiten – aufbereitet werden. Die Ausarbeitungen sollten dabei jeweils im Rahmen von Kurzpräsentationen für die Gruppe stattfinden. Besonders wichtig in diesem Zusammenhang war die Themenwahl /-findung, die dementsprechende Literatursuche durch die eben genannten Quellen, die Erstellung eines Literaturverzeichnisses, die grundlegende Gliederung der Arbeit, Zitierweisen als auch der Umgang mit Abbildungen und Tabellen.

Im letzten Semester stellten sich zu den bereits vorgestellten Merkmalen, bzw. Methoden weitere Fragen in Form der Verwendung von empirischen Erkenntnissen in der Bachelor Thesis. Wenn diese verwendet werden sollten, musste die Erhebungsmethode, das Verfahren als auch die Auswertung exakt beschrieben werden. Argumente sollen dabei logisch verknüpft, zu Folgerungen zusammengestellt werden und in einem unmittelbaren Kontext zur Themenstellung stehen.

Methode

Auf Grundlage der vorhandenen Vorkenntnisse aus dem Bachelor Studium und der Bekanntgabe des Arbeitsauftrages im Fach „Rezeption und Darstellung wissenschaftlicher Ergebnisse im Masterstudiengang Business Psychology – ging es darum, zuallererst eine relevante und interessante wissenschaftliche Studie selbstständig zu suchen bzw. zu recherchieren. Aus diesem Grund erfolgte im ersten Schritt die systematische Themensuche bzw. Themenfindung. Zum einen sollte die Studie ein Themengebiet umfassen, welches interessant ist und einen Mehrwert für das weitere Studium beinhaltet, als auch für die Gruppe interessant erscheint, um die Studie als Präsentation in Form einer Szenariosituation aufzubereiten und vorzustellen.

Als weiteres Hilfsmittel zur Erarbeitung eines wissenschaftlichen Textes diente der Leitfaden „Wie lese ich einen wissenschaftlichen Artikel – Eine Anleitung in drei Schritten" von Hebbelmann (2012), um sich die vorhandenen Kenntnisse aus dem Erststudium aufzurufen und wieder aufzufrischen.

Nach einer Auseinandersetzung mit einigen Artikeln aus Fachzeitschriften und Journalen, fiel die Entscheidung auf ein personalwirtschaftliches Themengebiet in Verbindung mit psychologischen Inhalten. Die Recherche-Kanäle bezogen sich im weiteren Verlauf auf Internetquellen und auf Schlag-/ Stichwortkataloge in Bibliotheken / Datenbanken. Die endgültige Wahl fiel auf eine Studie aus einem Artikel (eine Sekundärquelle) einer Zeitschrift für Personalpsychologie im Jahre 2007 von Schuler, Hell, Trapmann, Schaar und Boramir (2007): „Die Nutzung psychologischer Verfahren der externen Personalauswahl in deutschen Unternehmen - Ein Vergleich über 20 Jahre" (S. 60).

Die Methodenwahl der Studie erfolgte auf zwei Wegen – zum einen wurde die Hermeneutik-Methode für die Szenariosituation in der Präsentation eingesetzt als auch die Induktive-Methode (empirisch-statistisch), um in der Präsentation auf einzelne Elemente der Ergebnisse aus der Studie einzugehen. Nachdem die Methodenwahl feststand, erfolgte die Erarbeitung der Szenariosituation für die Präsentation vor der Gruppe im Detail und die Überlegung, welche relevanten Ergebnisse aus der Studie vorgestellt und gegebenenfalls mit der Gruppe diskutiert werden sollten.

Ergebnisse

Nach Fertigstellung der Präsentation ist zum jetzigen Zeitpunkt festzustellen, dass sich trotz vorhandener Vorkenntnisse das intensive Be- und Erarbeiten mit wissenschaftlichen Studien innerhalb der Semester-Veranstaltung als erheblicher Mehrwert herausgestellt hat. Der Lernfaktor war hoch, insbesondere durch das Arbeiten mit der eigenen Studie als auch den Studien aus der Gruppe. Der Umgang mit wissenschaftlichen Texten wurde sensibilisiert wobei die Herangehensweise und das Verständnis insgesamt routinierter erfolgte.

In diesem Zusammenhang eine kurze Darstellung der Ergebnisse durch die vorliegende Studie. Die Ergebnisse aus der Studie von Schuler et al. (2007), bezogen sich auf eine qualitative Studie, an der insgesamt 125 deutsche Unternehmen unterschiedlicher Größe und Branche teilgenommen haben. Die aktuelle Studie von Schuler et al. (2007) stellt eine Fortsetzung zur Studie von Schuler, Frier und Kauffmann (1993) dar.

Die Studie hat eine Fragestellung für die Studentin aufgeworfen, die insbesondere für das spätere Berufsleben im Personalmanagement unter anderem zu beantworten galt. Diese Fragestellung bezog sich darauf, welche psychologischen Personalauswahlinstrumente im Jahre 1993 angewandt wurden und wie sich diese Personalauswahlinstrumente im Laufe der letzten 20 Jahre verändert haben. Der vorliegenden Untersuchung lag insbesondere die Messung der Einsatzhäufigkeiten verschiedener Personalauswahlverfahren aus dem Jahre 1993 und 2007 vor, als auch die hierzu jeweils unterschiedlichen Varianten zur Personalauswahl. Interessant war zudem, das Personalauswahlverfahren uns zwar stetig begleiten, aber bisher nur zwei Studien vorliegen, die die Relevanz von Personalauswahlverfahren aller Auswahl-Instrumente untersuchten.

Unter anderem besagten die Ergebnisse der Studie (siehe Tabelle 1), dass 99 % der 125 Unternehmen, die an der Untersuchung teilgenommen haben, Interviews einsetzen und Bewerbungsunterlagen auswerten (seit 20 Jahren das gleiche Verfahren). Das strukturierte Interview wird hingegen häufiger eingesetzt als das unstrukturierte Interview. Weitere Relevanz finden das Assessment Center, der Personalfragebogen und Referenzen vorheriger Arbeitgeber.

Diese Ergebnisse lieferten für die Studentin einen Zukunftstrend in der psychologischen Personalauswahl, um in einer beruflichen Tätigkeit nach dem Studium potenzielle Mitarbeiter valider und effizienter auswählen zu können.

Um das bisherige Wissen durch das intensive Bearbeiten mit der Studie weiterhin zu vertiefen, lag es an dieser Stelle nahe, sich eingehend mit einigen Ursprungsquellen aus dem Literaturverzeichnis der vorliegenden Studie, unter anderem von Schuler et al. (1993) und Hell, Boramir, Schaar. und Schuler (2006) zu beschäftigen und relevante Passagen zu markieren, um insbesondere die Berechnungen als auch die theoretische Herleitung der Untersuchung besser nachvollziehen zu können.

Fazit / Discussion

Nachdem in der vorliegenden Arbeit zum einen über Vorerfahrungen im wissenschaftlichen Arbeiten berichtet wurde und zum anderen die methodische Herangehensweise im Zusammenhang der aktuellen Bearbeitung eines wissenschaftlichen Artikels als auch deren Ergebnisse und den Lernfortschritt untersucht wurden, ist an dieser Stelle festzustellen, dass die Semester-Veranstaltung „Rezeption und Darstellung wissenschaftlicher Ergebnisse" auch für Studenten in einem Masterstudiengang sehr sinnvoll ist. Dazu gehört das eingehende beschäftigen mit wissenschaftlichen Texten - diese zu lesen, zu verstehen als auch mit ihnen zu arbeiten.

Trotz etwaiger Vorkenntnisse, lässt sich zum einen eine Wiederauffrischung zum Umgang mit wissenschaftlichen Studien erlangen und zum anderen ein routinierterer Ablauf erkennen. Das Wissen aus dem Erststudium wird erneut abgerufen und in einigen Fällen ist das Verständnis ein anderes, da der Umgang mit diesen Studien intensiver und ausführlicher gewesen ist.

Wie soeben erwähnt, war ein Lernfortschritt im Laufe der Semester-Veranstaltung gegeben. Dennoch sollten grundsätzliche Überlegungen dahingehend erfolgen, wie die Semester-Veranstaltung zukünftig organisiert werden könnte. Es ist davon auszugehen, dass die meisten Studenten innerhalb der Gruppe in ihrem Bachelor-Studium mit dem Umgang wissenschaftlicher Arbeiten in Berührung gekommen sind – allerdings muss der Umgang mit diesem Thema zum einen nicht bei allen gleich intensiv verlaufen sein und zum anderen kann dieser bereits eine längere Zeit zurückliegen. Aus diesem Grund stellt sich die Frage, inwiefern die Veranstaltung – Rezeption und Darstellung wissenschaftlicher Ergebnisse, in Form von Referaten seitens der Studenten erfolgen sollte. Eventuell wäre es denkbar, den Umgang mit wissenschaftlichen Texten in zukünftigen Veranstaltungen zu lehren.

In diesem Sinne wäre eine Kombination möglich. Diese könnte zum einen aus Gruppenpräsentationen bestehen, um die Gesamtanzahl der Präsentationen zu vermindern und zum anderen aus lehrendem Unterricht (eventuell sind auch Gruppendiskussionen denkbar), um alle Studenten aus der Gruppe auf einen einheitlichen Stand zu bringen, insbesondere im Hinblick auf die anstehende Master-Thesis.

Zusammengenommen besteht der Wunsch nach einer Reduzierung der Präsentationen und der Vermittlung von weiterem Wissen zum Umgang mit wissenschaftlichen Texten, um unter anderem aktuelle Möglichkeiten zu vermitteln, mit wissenschaftlichen Ergebnissen umzugehen, diese zu verstehen und zu bearbeiten.

Literaturverzeichnis

Hell, B. Boramir, I., Schaar. H. & Schuler, H. (2006). Interne Personalauswahl und Personalentwicklung in deutschen Unternehmen. *Wirtschaftspsychologie, 8*, 2-22.

Hebbelmann, C. (2012): Wie lese ich einen wissenschaftlichen Artikel? Eine Anleitung in drei Schritten.

Schuler, H., Frier, D. & Kauffmann, M. (1993). Personalauswahl im europäischen Vergleich. *Göttingen: Hochgrefe / Verlag für Angewandte Psychologie.*

Schuler, A., Hell, B., Trapmann, S., Schaar, H., & Boramir, I. (2007): Die Nutzung psychologischer Verfahren der externen Personalauswahl in deutschen Unternehmen. In: *Zeitschrift für Personalpsychologie 6,* S. 60-70.

Anhang A:

Tabelle 1:

Quelle:

Schuler, A., Hell, B., Trapmann, S., Schaar, H., & Boramir, I. (2007): Die Nutzung psychologischer Verfahren der externen Personalauswahl in deutschen Unternehmen. In: *Zeitschrift für Personalpsychologie 6,* S. 63.

Tabelle 1:
Häufigkeiten der eingesetzten Auswahlverfahren in Prozent (Auszug).

Tabelle: 1 Häufigkeiten der eingesetzten Auswahlverfahren in Prozent in der Studie von Schuler et al. (1993) und in der aktuellen Studie	Einsatzhäufigkeiten der Auswahlverfahren in der aktuellen Untersuchung	Einsatzhäufigkeiten der Auswahlverfahren in der Untersuchung von Schuler et al. (1993)	Veränderungsrate in Prozent
Stichprobengröße N	125	105	
Analyse von Bewerbungsunterlagen	99,2%	98,0%	+ 1,2
Strukturiertes Einstellungsinterview durch PA	81,6%	70,0%	+ 11,6
Unstrukturiertes Einstellungsinterview durch PA	33,6%	57,0%	- 23,4
Strukturiertes Einstellungsinterview durch FA	64,0%	49,0%	+ 15,0
Unstrukturiertes Einstellungsinterview durch FA	51,2%	69,0%	- 17,8
Assessment Center	57,6%	39,0%	+ 18,6
Online-Assessment Center	4,0%		
Intelligenztest	30,4%	34,0%	- 3,6
Analyse von Online-Bewerbungsunterlagen	71,2%		
Zusätzlich eingeholte Referenzen	56,8%	71,0%	-14,2

Anmerkungen: N = Gesamtzahl der Unternehmen, PA = Personalabteilung, FA = Fachabteilung

In Tabelle 1 erfolgt ein Auszug der Häufigkeiten eingesetzter Auswahlverfahren aktuell aus dem Jahre 2007 und dem Jahre 1993 im Vergleich. In diesem Fall ist ein deutlicher Unterschied der Personalauswahlinstrumente von 1993 und 2007 zu erkennen, wohingegen sich einige Neuerungen in der Wahl heutiger Auswahlinstrumente ergeben.